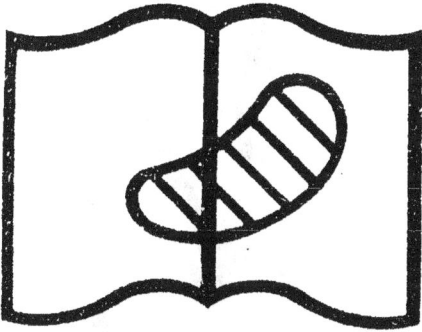

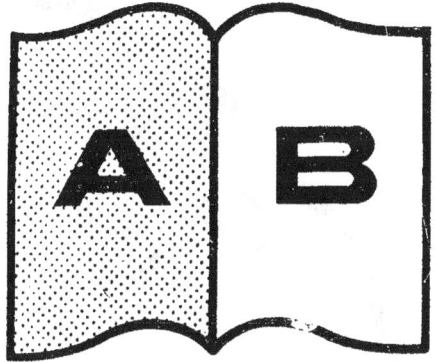

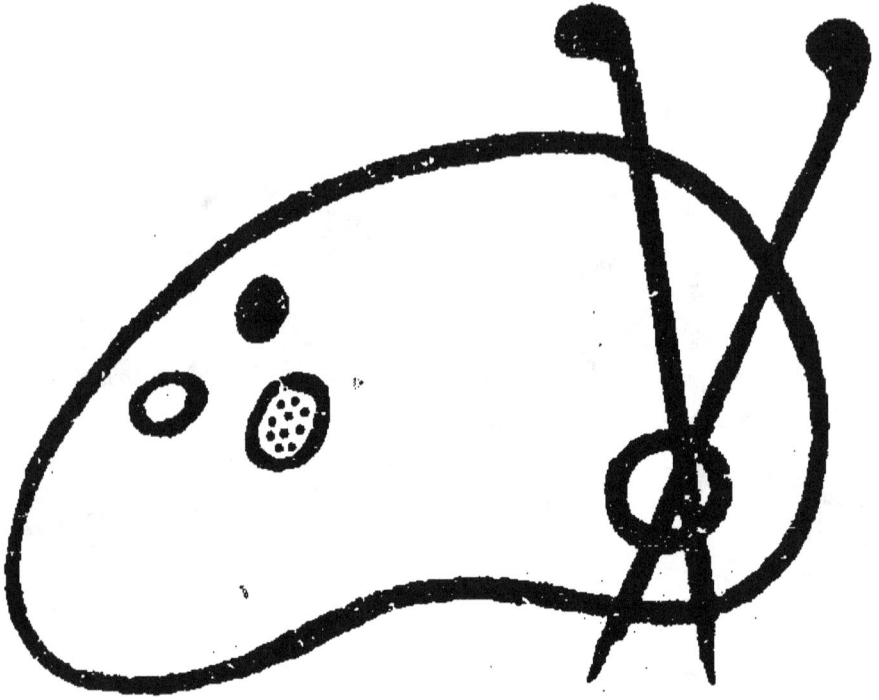

Original en couleur

NF Z 43-120-8

LE MINISTRE

RAYMOND-MERLIN

ET SA FAMILLE

PAR

Le D.ʳ Ulysse CHEVALIER

VALENCE

IMPRIMERIE DE CHENEVIER

—

1876

LE MINISTRE

RAYMOND-MERLIN

ET SA FAMILLE

PAR

Le D.ʳ Ulysse CHEVALIER

VALENCE

IMPRIMERIE DE CHENEVIER

—

1876

NOTES

BIOGRAPHIQUES & GÉNÉALOGIQUES

SUR

LE MINISTRE RAYMOND-MERLIN

ET SUR SA FAMILLE.

Jean Raymond-Merlin a joué un rôle important parmi les premiers ministres de l'église réformée. Un de ses fils et un de ses petits-fils furent non moins célèbres comme pasteurs protestants. Les biographes et les historiens se sont occupés de ces personnages et leur ont consacré des notices plus ou moins étendues. Si nous venons à notre tour nous occuper du même sujet, c'est que nous avons découvert dans les archives de l'hôpital de Romans [1] d'importants documents concernant la famille Raymond-Merlin, que n'ont pas pu connaître nos devanciers.

La famille Raymond (Merlin ne fut d'abord qu'un surnom) était fort ancienne dans Romans. Elle offre un exemple de cette bourgeoisie active, instruite, économe qui, par le travail et le mérite, arrivait à la fortune, et par la fortune aux charges

---

[1] Par une disposition de l'arrêt du parlement de Grenoble rendu le 16 septembre 1769 contre Raymond du Chélas, l'un de ses membres, l'hôpital général de Romans fut chargé de la gestion des biens du condamné, qui était contumax. En conséquence, les denrées et les meubles furent vendus, les titres et papiers de la famille furent déposés dans les archives de cet établissement, où ils sont encore.

publiques et à la noblesse, c'est-à-dire à des positions sociales assurées, honorables et respectées.

Le nom de Raymond est assez répandu en Dauphiné : il a été porté par plusieurs familles historiques, entre autres par les Raymond La Treille, du Cheylar en Embrunois, dont la ressemblance de nom avec les Raymond du Chélas, de Romans, leur a fait attribuer un établissement en Bretagne et des armoiries qui appartiennent à ces derniers. Ces armoiries sont *d'or à la bande de gueules chargée de trois demi-vols d'argent, cotoyée de deux molettes d'azur.*

Le premier membre connu de cette famille est Jean Raymond, dit Merlin. Il est porté sur le rôle de la taille de l'année 1367 [1] avec une cote de cinq florins, en qualité de barbier *(barbitonsor)* [2] et d'habitant de la rue *Naudine* [3]. En 1380, ne trouvant point, paraît-il, dans sa ville natale un théâtre suffisant pour ses talents et se qualifiant de « cirurgien de rupture et de taille [4], il se feust accompagniez d'un triachier (vendeur de thériaque),

---

(1) Cette taille produisit 431 florins 6 gros. Elle fut levée pour faire face aux frais occasionnés par l'agréable arrivée à Romans de l'empereur Charles IV, le 30 août 1365. *(Exactio subsidii impositi Romanis pro jucundo adventu domini Karoli imperatoris.)* En effet, conformément à la transaction de 1212, la ville devait payer les dépenses pour le passage de l'empereur et le chapitre celles du passage du pape.

(2) D'autres barbiers sont appelés *barberii*, pour distinguer les barbiers chirurgiens des barbiers proprement dits. Les premiers avaient pour enseigne des plats en cuivre et les seconds des plats en ferblanc.

(3) Aujourd'hui du *Mouton*. Cette rue était nommée Naudine parce qu'elle débouchait au centre de la place du Marché *(nundinæ)*. Elle était alors habitée par des revendeurs *(revenditores)* et des marchands de volailles *(pollelarii)*. Les religieux de Saint-Antoine y avaient une grande maison à la fois d'habitation et de dépôt pour leurs denrées.

(4) C'est-à-dire qu'il avait pour spécialité la cure des hernies et le traitement de la pierre, et non, croyons-nous, la lithotomie, opération aussi grave que difficile qui n'était pas pratiquée au XIVe siècle.

nommé Adam Lelièvre, pour aler par païs pour leur pain gaignier de leurs sciences et mestiers ». Un certain jour, vers le milieu d'août, au passage d'une rivière, près de Sarlac, une altercation s'étant élevée entre les deux associés, Merlin reçut un coup de *glaive* ou dard au bras et, pour se défendre, jeta à son adversaire un caillou, qui le renversa; ensuite il acheva de le tuer avec ledit glaive. Après ce fait coupable, il s'absenta du pays pour échapper à la justice. Mais ayant adressé au roi une supplique, Charles VI, par lettres de mai 1381 données à Paris, lui fit rémission de ce meurtre [1].

Il devait sur sa maison de la rue Naudine une pension de 4 florins, que le chapitre de Saint-Barnard céda, par acte du 11 août 1434, aux dames de l'abbaye de Vernaison.

PIERRE, bourgeois, figure au nombre des 420 chefs de famille assemblés le 15 mars 1376 dans le réfectoire de l'abbaye de Saint-Barnard, au sujet de plusieurs différends avec le chapitre et dont l'arbitrage fut déféré au cardinal Anglicus, évêque d'Albano.

ÉTIENNE était chanoine de Saint-Barnard vers la même époque.

Après ces noms, l'absence de documents jette un voile sur cette famille. Quand il se dissipe, les Raymond-Merlin sont dans une meilleure position sociale. Enrichis par le commerce, ils embrassent les carrières libérales. Ils ont acquis des terres importantes, qu'ils se hâtent d'affranchir de toute servitude féodale.

JEAN II, docteur en droit, et son frère Jacques rachetèrent, par acte du 22 mars 1523, les droits seigneuriaux et les rentes qu'ils devaient pour le domaine de *Gondram* et pour d'autres terres sur la paroisse de Fiançayes, mandement de Pellafol et de Barbières, moyennant 24 écus d'or à Antoine de Beaumont, autorisé par sa mère et tutrice, Madeleine d'Urre, et 91 florins

---

(1) Société de l'histoire de France. *Pièces inédites relatives au règne de Charles VI*, t. II, p. 153.

à Jérôme de Neufcases. Ces propriétés sont restées dans la famille de 1518 jusqu'en 1770.

GUIGUES, chanoine, recteur de la chapelle et de l'hôpital sur le pont en 1514. Il était trésorier du chapitre en 1533.

JACQUES I, conseiller de la ville de la première qualité, remplit le rôle de *Romus*[1] lors de l'entrée de François Ier à Romans, le 20 novembre 1533.

FRANÇOIS I, plusieurs fois consul. Il fut un des commissaires pour la réception du même roi, et sa femme joua le rôle de *Mentho*. Le 3 septembre 1549, il dénonça au parlement les progrès que l'hérésie faisait dans Romans.

Plusieurs personnages du nom de Merlin ont pris une part plus ou moins active à l'établissement de la Réforme. Par suite d'omissions de dates et de prénoms, les biographes, qui se sont à peu près copiés les uns les autres, ont donné lieu à plusieurs déplacements de faits et confusions de personnes[2], que nous

---

(1) Le manuscrit publié et annoté par M. E. Giraud (*Entrée de François Ier à Romans, en 1533*, p. 10) porte le nom de *Rémus*, frère de Romulus, fondateur de Rome, qui dans cette circonstance n'a pas de sens ; il s'agit évidemment de *Romus*, fils d'Allobrox et neveu de Brennus, auquel les légendes celtiques attribuent la fondation de Romans :

> A la race allobrogide
> Romus qui dessoubz ses lois
> Ramena les forts Gaulois
> De la divine Phocide.

Guillaume DES AUTELZ, *Ode à la ville de Romans.*

Voir FODÉRÉ, *Narration hist. et top. des couvents de l'ordre de Saint-François*, 1609, p. 606.

Réfutation de la réplique du chapitre de Saint-Barnard. Grenoble, 1772, p. 5.

J. B. DOCHIER, *Mémoires sur la ville de Romans*, 1812, p. 21.

(2) Cette confusion provient sans doute de ce qu'il y avait en Suisse à la même époque plusieurs familles portant le nom de Merlin : Denis Merlin, marchand, d'Orléans, réfugié en 1555 ; Merlin, pasteur de Lausanne en 1576 ; deux autres Merlin que cite M. Gendroz dans son *Histoire de l'instruction publique dans le pays de Vaud*, etc.

avons l'espoir de faire disparaître, grâce aux anciennes archives de la famille Raymond-Merlin, que nous avons eues à notre disposition.

JEAN RAYMOND-MERLIN, dit *Monroy* [1], occupe un rang assez important dans l'histoire du protestantisme. Il naquit à Romans vers 1510, de Jean, docteur en droit. Les premières années de sa vie, qu'il passa dans sa ville natale, n'ont pas laissé de traces. On sait seulement qu'après avoir fait de fortes études classiques il embrassa de bonne heure et avec ardeur les nouvelles doctrines religieuses, à l'imitation de la plupart des professeurs de l'université de Valence, et que bientôt après il se réfugia en Suisse, pour échapper à la répression sévère des premiers troubles. Il se rendit à Lausanne, où il occupa une chaire d'hébreu, qu'il abandonna en 1558, pour ne pas séparer son sort de celui de ses collègues Pierre Viret et Jacob Valier, destitués par le gouvernement de Berne. Il se retira alors à Genève, où il remplit pendant trois ans les fonctions pastorales. Appelé en 1561 à Paris sur l'invitation de Coligny, il fut chargé d'une mission à La Rochelle. A son retour, en passant par Le Mans, il acheva d'établir la Réforme dans cette ville [2], dont il s'empara par surprise, le 3 avril, à la tête de calvinistes déterminés, qui y commirent les plus grands excès jusqu'au 12 juillet, qu'ils furent chassés. Il assista au colloque de Poissy, où il ne joua qu'un rôle effacé. Il se rendit ensuite dans le Béarn, sur l'invitation de Jeanne d'Albret; il ne fut de retour à Genève que le 14 août 1564. Peu de temps après, le

---

(1) C'est seulement pour nous conformer à la tradition que nous reproduisons ce surnom ou sobriquet de *Monroy*. On n'en trouve aucune trace dans les documents anciens.

(2) « Les succès de l'orateur répondirent à la confiance qu'il avait inspirée. Bientôt cinq officiers du siége présidial, le receveur de la ville, le greffier de la maréchaussée, avec six archers, plusieurs avocats et plus de deux cents bourgeois ou marchands abjurèrent la croyance catholique. » (HAURÉAU, *Hist. littér. du Mans*, t. VII, p. 32.)

conseil ayant invité les pasteurs à s'acquitter avec plus de zèle
du devoir de consoler les malades, plus spécialement les pesti-
férés, Merlin trouva mauvais que cette exhortation vînt du
pouvoir civil. Il s'éleva contre la conduite des magistrats dans
un sermon prêché le 18 octobre 1564. Déposé pour ce fait le 3
novembre, il se retira dans sa ville natale. Mais la Saint-Barthélemy le força à se réfugier de nouveau en Suisse, à Genève,
où de Montmeillan il fut apporté en litière par les soins de
son fils. Malgré son âge avancé, il songea à reprendre de l'em-
ploi; mais il ne put y parvenir, à cause du mauvais vouloir
du consistoire, qui lui fit une réponse fort dure. Il mourut à
Genève en décembre 1578.

On cite de lui : 1° une *Traduction françoise des commentaires
d'Æcolampade sur Job et Daniel*, Genève, 1561, in-8°; 2° *Expo-
sition des X commandements de la loi de Dieu*, Genève, Rivery,
1561, in-8°; 3° *Catéchisme extrait de celuy de Genève pour examiner
ceux qu'on veut recevoir à la cène, avec la translation en langue
béarnaise*, Limoges, Guil. de La Noailles, s. d., in-8°.

D'un premier mariage, contracté, au dire de M. Boulanger,
« après avoir rompu ses vœux avec une religieuse défroquée [1], »
il avait un fils, nommé Pierre, né vers 1535, lequel, après avoir
été disciple de Théodore de Bèze, fut ministre à Laval et à
Vitré, et devint chapelain du prince de Condé, d'après de Thou,
de l'amiral Coligny, selon d'Aubigné et les frères Haag [2]. Ce
qui est certain, c'est qu'il était auprès de l'amiral au moment
de la Saint-Barthélemy. Il s'échappa avec peine et revint à La
Rochelle, où il mourut le 27 juillet 1603. Pierre Merlin jouis-

---

(1) *Revue des Sociétés savantes des départements*, t. VII, p. 365. Cette union
eut probablement lieu en Suisse, car à cette époque, en 1534, il n'y avait point
encore à Romans de prêtre « ayant rompu ses vœux » et encore moins de « religieuse défroquée », par la raison qu'il n'y existait point alors de couvent de
femmes. On ne signale dans cette ville aucun scandale de ce genre avant
1562.

(2) HAAG FRÈRES, *France protestante*, t. VII, p. 365 et suiv.

sait d'une grande considération parmi ses coreligionnaires, au point que Jean Boucher avait prétendu, dans un sermon prêché le 28 juillet 1591, que Merlin était le véritable père de Henri de Navarre (Henri IV), ayant épousé secrètement Jeanne d'Albret. Il a laissé vingt *sermons*, des *discours* et des *commentaires théologiques*.

De son alliance avec Françoise de Meslay, fille de François, sieur de La Cérisaie, et d'Antoinette de Clinchamp, il eut un fils unique, nommé Jacques, né à Alençon, le 5 février 1566, mort probablement vers 1620. Il étudia à Genève et prit ses grades à Oxfort. Il présida l'assemblée de Sainte-Foy en 1601 et le synode de La Rochelle en 1607. Il épousa le 19 avril 1591 Élisabeth Rivette et en 1617 Marie Savy. De son premier mariage naquirent sept enfants : 1º *Élisabeth*, née le 9 juillet 1593 et morte le 8 janvier 1595 ; 2º *Pierre*, né le 29 octobre 1595 ; 3º *Françoise*, née le 11 novembre 1597 et morte en 1602 ; 4º *Jacques*, né le 20 octobre 1599 ; 5º *Jean*, né le 12 novembre 1600 ; 6º *Marie*, née le 6 octobre 1601, et 7º *Judith*, née le 24 janvier 1604.

On a de Jacques II un *diaire* ou journal, qui a été publié à Genève en 1855, in-8º de 65 pages. La bibliothèque de La Rochelle possède un manuscrit du même, contenant un recueil des événements qui se passèrent sous ses yeux dans cette ville [1].

Il est probable qu'après la prise de La Rochelle, en 1627, par Louis XIII et la dispersion des calvinistes les membres de cette famille se retirèrent en Suisse, où ils ont formé la branche protestante des Raymond-Merlin.

Maintenant nous revenons à Jean Raymond-Merlin, dans le but de compléter sa biographie à l'aide de plusieurs documents inédits, et d'abord par les lettres patentes suivantes, dont nous avons sous les yeux l'original en parchemin.

---

(1) Ce document, souvent cité depuis quelque temps, a fourni à M. Dunan, professeur au lycée, les éléments d'un travail intitulé : *Du rétablissement de la messe à La Rochelle, en 1599*, qu'il a lu à la Sorbonne, le 25 avril 1867.

« Charles, par là grâce de Dieu, roy de France, à tous présents et advenir, salut. Receue avons l'humble supplication de Jehanne Robert, femme de Jehan Raymond, dit Merlin, native du pays de Berne, Simon, Jehanne et Judith Raymond, leurs enfants, natifs de Genève et Lauzanne, contenant que ledit Jehan Raymond, qui est nay en notre royaume, se seroit long temps a retiré audit pays de Berne et la ville de Genève, où, après avoir demouré par quelque temps, il se seroit marié en l'église refformée avec lad. Robert; duquel mariage seroient issus lesd. Simon, Jehanne et Judith, et depuis quelque temps en ça led. Raymond seroit retourné en notre royaume pour y demourer, où lesd. Jehanne Robert, sa femme, Simon, Jehanne et Judith, leurs enfants, se retireroient volontiers pour y demourer avec lui. Mais craignant que au moins de ce que led. Jehan Raymond s'est marié en lad. église refformée et qu'ils sont natifs desd. pays de Berne, Genève et Lauzanne, on les voulsist empescher, ils nous ont très humblement fait supplier et requérir leur pourvoir. Sur ce *scavoir faisons* que *Nous*, par l'advis de notre conseil, avons permis, accordé et octroyé auxd. Jehanne Robert, femme dud. Raymond, Simon, Jehanne et Judith, leurs enfants, qu'ils puissent et leur soit loisible eulx retirer en notre royaume, pays, terres et seigneuries de notre obéyssance pour y demourer et résider, et en iceulx avoir, tenir et posséder tous biens meubles et immeubles qu'ils ont acquis et pourront cy après acquérir à juste titre, ensemble ceulx qui leur seront délaissés par led. Jehan Raymond, dict Merlin, leur père, et luy succéder en tous et chacuns de ses biens qu'il a et pourroit avoir comme substitué à ses prédécesseurs et aultrement, sans que à l'occasion de ce que led. Merlin seroit depuis led. temps de seize années marié en lad. église refformée, ni de ce qu'ils ne sont naiz ni originaires de notre royaume, ni pareillement des statuts ordinaires et constitutions d'icelle, nos officiers ne autres puissent prétendre les biens qu'ils auroient délaissés après led. trespas nous devoir compéter et appartenir par droict d'aulbeine ne autrement, et sur ce nous leur avons

imposé et imposons silence perpétuel, en nous payant toultefois
une finance modérée [1] pour une fois seulement, et quant à ce
les avons dispensés, habilités, dispensons et habilitons de nostre
grâce, puissance et autorité que dessus par ces présentes, par
lesquelles donnons et mandons, etc.

» Donné à Lyon, au mois de juin de l'an de grâce mil cinq
cens soixante quatre et de notre règne le quatorzième.

» Par le roy dauphin en son conseil.

» Deloménie. »

Après la mort de Jean Raymond, en vertu d'un testament
qui constituait ses héritiers par portions égales Simon, Jean et
Jacques, ses enfants, eut lieu le partage des biens du défunt.
L'acte en fut dressé par Jean Odoard, notaire, le 27 janvier
1586, devant le juge royal de Romans. On y constate que Simon
était déjà docteur en droit et que ses frères se trouvaient naguère
encore sous la tutelle de leur mère Jeanne Robert. Il fut fait
trois lots égaux, qui comprenaient une maison à Romans, près
le vieux collége (quartier de Saint-Nicolas) [2], 160 sétérées (53
hect.) de terrés, y compris deux granges, sur les paroisses de
Fiançayes et de Pisançon, un capital de 234 écus d'or et un
mobilier, qui fut vendu aux enchères 100 écus d'or, représentant
pareille somme due à un sieur Pelletier, marchand à Toulouse [3].

---

(1) Cette finance, dont nous ne connaissons pas le chiffre, fut payée le 20
juillet suivant.

(2) Il est aussi fait mention de cette maison dans le procès-verbal de l'assemblée municipale de Romans tenue le 30 mai 1563, où il est dit : « M. Antoine
de Manissieu, procureur, ayant charge de M. Merlin, ministre de la parole de
Dieu, sollicite le paiement de 1,200 florins qui lui sont dus pour la maison des
écoles de cette ville, ou bien de lui rendre ladite maison. Il est conclu qu'on
lui paiera ce prix ou qu'on lui rendra sa maison. »

(3) Acte sur parchemin, in-4° de 8 p.

Il résulte des documents que nous avons mis au jour que Jean Raymond s'était remarié en 1548 « en l'église réformée », pendant son séjour en Suisse, avec Jeanne Robert, native de Berne. Quand celle-ci obtint du roi l'autorisation de venir résider en France avec ses enfants (juin 1564), son mari était rentré depuis quelque temps dans son pays, où on le qualifiait de bourgeois [1]. Elle avait alors un fils et deux filles : Simon, Jeanne et Judith. Ces dernières ne figurent point dans l'acte de partage ni sur aucun autre document ; elles sont remplacées par deux jeunes garçons, nés en Dauphiné et nommés Jean et Jacques.

Les enfants du ministre Jean Raymond-Merlin ne tardèrent pas à rentrer dans le giron de l'église romaine, et même leurs descendants montrèrent en général beaucoup de piété. Nous allons donner leur généalogie, avec une courte note biographique sur chacun d'eux.

SIMON, docteur en droit, « avoit à la poursuite de ses études fait plusieurs grandes despenses, » parmi lesquelles figuraient probablement les 100 écus d'or dus au sieur Pelletier, de Toulouse [2], dont il est fait mention dans l'acte de partage. Il fut élu, le 25 mars 1583, conseiller de la ville de la première qualité et délégué, le 24 août suivant, pour aller se joindre aux commis des États de la province qui devaient présenter les cahiers de doléances des députés au roi, à son arrivée à Lyon. Il fut aussi envoyé auprès de Maugiron, lieutenant général de Dauphiné, et aux États de la province. Il avait épousé Françoise Guérin, fille d'Antoine Guérin [3], juge royal, dont il fit enre-

---

(1) Il avait prêté de l'argent à la ville et, pour s'en faire rembourser, il dut plaider. Le 15 décembre 1566 il obtint un arrêt qui condamnait les consuls de Romans à lui payer 1,380 florins, reste d'une plus grande somme à lui due.

(2) « Ville où, suivant François Bourneau, était en 1592 fort bonne université quant à la diligence des docteurs et très dangereuse quant aux deshauches des escoliers. » (*Revue des Soc. savantes des départ.*, t. VI, p. 198.)

(3) Trisaïeul du cardinal de Tencin.

gistrer les lettres d'anoblissement à l'hôtel de ville de Romans, le 23 juin 1586.

JEAN II, notaire. Plusieurs de ses descendants exercèrent la même profession, tels que François II, né en 1608, marié à Catherine Falque et décédé le 28 janvier 1678; Barthélemy, allié à Anne Guillaud, fille d'Antoine, notaire; il a laissé 36 volumes d'actes, de 1639 à 1674; autre Barthélemy, notaire, de 1705 à 1730. Son fils, nommé Alexandre, fut procureur du roi en la judicature consulaire en 1737.

JACQUES III, marchand, syndic des pauvres de la Charité. Il se maria, le 9 mars 1598, à Barbe Thomé et épousa en secondes noces, le 30 octobre 1609, Marguerite Thomé.

Les gens d'armes du capitaine Bart ayant enlevé le bétail de sa grange de Fiançayes, il alla se plaindre à ce chef, qui le fit emprisonner. Il fut bientôt mis en liberté sur un ordre de Lesdiguières, adressé de Grenoble le 14 mai 1598 aux consuls de Barbières. Le 9 janvier 1632 il fit son testament, auquel il ajouta un codicille le 30 mars suivant. Il eut cinq enfants de sa première femme :

1° Marc-Antoine, ci-après.

2° Clauda, morte avant son père.

3° Jean-Claude, procureur aux cours de Romans.

Son père lui laissa la part appartenant à sa sœur Clauda et le domaine de Miribel, qui venait de sa mère. Il épousa Anne Chorier, dont il eut une fille, Madeleine, qui prit le voile à Sainte-Ursule, le 2 février 1677, et qui décéda le 15 octobre 1700, étant supérieure à Bonlieu.

4° Jeanne, qui fut mariée le 16 juillet 1631 à Jean Bodon, marchand. Elle est mentionnée dans le testament de son père pour un legs de 400 livres, outre ce qu'elle avait eu par son contrat de mariage, savoir : 1,800 livres de dot, 600 livres d'augment et 200 livres de bagues. Son union ne fut pas heureuse : elle se sépara judiciairement de son mari le 12 juin 1637, « parce qu'il y avoit péril à la continuation du mauvais ménage ».

5° Philiberte, qui fit profession le 28 avril 1636 dans le

couvent de Sainte - Ursule, où elle mourut le 14 décembre
1656, à l'âge de 56 ans. On lit dans son panégyrique ce singu-
lier éloge : « Le fondement de cette âme étoit une profonde
humilité. Elle avoit un si profond mépris d'elle-même qu'elle
se traitoit en tout comme une *bête*. »

MARC - ANTOINE, marchand, fut légataire universel de
son père. Il se maria le 13 août 1630 à Françoise Milhard, testa
le 20 septembre 1654 et mourut la même année. Il légua 400
livres au couvent des Récollets, dont il était le syndic, 50 livres
à la confrérie du Saint-Sacrement, 50 livres aux Pères Capu-
cins, 60 livres à l'hôpital de la Charité, 30 livres à l'église de
Saint-Barnard, 15 livres au séminaire des filles orphelines et
300 livres à sa servante. Il donna l'usufruit de plusieurs de ses
terres à sa femme, dont les reprises montaient à 17,715 livres,
mais qui se contenta d'une pension de 600 livres. Enfin, il
nomma son fils aîné héritier universel. Ses enfants furent :

1º Jacques, ci-après.

2º Jeanne, qui fit héritière sa mère par son testament du 23
décembre 1655.

3º Anne, qui fut mariée à noble Laurent Second, conseiller
du roi, correcteur en la Chambre des comptes.

4º Françoise, qui fut admise à la profession dans le couvent
de Sainte-Ursule le 26 janvier 1654 et y décéda le 20 décembre 1700, âgée de 66 ans. « L'on pouvoit avec justice, lit-on
dans son panégyrique, l'appeler une règle vivante : c'étoit un
pilier de toutes les observances régulières. »

5º Isabeau prononça ses vœux le 3 juillet 1654 dans le même
monastère et y finit ses jours le 20 octobre 1677, à l'âge de 41
ans. « Elle n'épargna rien pour s'acquitter parfaitement des
emplois qu'on lui donnoit, et, quoiqu'elle fût d'une complexion
délicate, elle étoit toujours la première à rendre service, sans
se plaindre. »

JACQUES IV, marchand. Il acheta, par acte notarié du 30
juin 1676, pour se couvrir d'une créance, au prix de 32,478
livres, la charge de correcteur en la Chambre des comptes laissée
vacante par le décès de Laurent Second, son beau-frère, et

ensuite subrogea en son lieu et place Michel-Marie de Vau-
dragon. Il fut autorisé, par lettres de la chancellerie royale du
2 décembre 1678, à plaider devant le parlement d'Aix contre
Gabriel de La Croix, seigneur de Pisançon, président à mortier
au parlement de Grenoble, au sujet du droit de vingtain que
ce seigneur réclamait, comme aux habitants de ses terres, à
lui, bourgeois de Romans, qui, à ce titre, en était exempt.

Jacques possédait une assez belle fortune; sa maison était
aussi sur un certain pied [1]. Il songea alors à acquérir la noblesse,
dont la possession était alors pour la bourgeoisie le couronne-
ment de ses travaux et le comble de ses vœux, parce qu'elle y
trouvait du lustre et de la considération, des priviléges et des
franchises. Il partit pour Paris au commencement de l'année
1679, avec l'intention d'y acheter une charge de cour. M. Marc
de La Rivière, abbé de Léoncel, lui envoya une lettre de re-
commandation, datée de la Part-Dieu du 27 mai 1679 et adressée
à son neveu M. de La Rivière, capitaine des gardes du maré-
chal de Villeroy. Les désirs et les démarches de Jacques Raymond ne tardèrent pas à être couronnés d'un plein succès. Par
lettres patentes du 24 juillet de la même année, sur la résigna-
tion en sa faveur d'André Paget, sieur de Sarcerays, il fut
pourvu de l'office de gentilhomme servant ordinaire du roi
(échanson), aux gages de 300 livres, outre les droits, priviléges et
immunités accordés aux commensaux de S. M. Cette charge
peu assujétissante lui permettait de demeurer à Romans, où il
était en 1684 premier consul. Le roi lui fit don, le 31 juillet
1689, de tous les biens qui avaient appartenu à Henri Bercol-
fert et à Françoise Uclien, sa femme, de nation hollandaise,
échus par droit de déshérence ou mieux de confiscation. Il testa
le 17 mai 1695, laissant 300 livres à l'Aumône générale et nommant pour héritiers, par égales portions, sa femme, Louise
Monier, et son fils aîné. Il eut huit enfants :

---

(1) Une lettre de Madame la marquise de L'Angalerie le remercie de l'hon-
nêteté qu'il avait eue de lui prêter son carrosse, en passant à Romans.

1° François, qui suit.

2° Marie, née en 1660, qui épousa, le 22 août 1675, Aimar-Joseph Dauphin, trésorier de France.

3° Jacques, dont l'article viendra ci-après.

4° Pierre, sieur de Josseras.

5° Catherine, qui s'allia, le 16 février 1719, à François Silla, bourgeois de Romans, à qui elle apporta le domaine de Presles, estimé 10,000 livres. Elle testa, le 26 juin 1701, en faveur de son frère aîné.

6° Louise-Françoise et 7° Marie-Françoise, qui se firent religieuses à la Visitation, en 1679 et 1686.

8° Marc, sieur de Presles, qui devint mestre de camp de cavalerie au régiment de Vaudemont.

FRANÇOIS III, écuyer, gentilhomme servant du roi. Il eut dans sa jeunesse « le sang un peu chaud et le bras un peu prompt ». Les registres de la judicature royale de Romans ont conservé le souvenir de quelques-unes de ses vivacités. Mais cette humeur querelleuse et cette exubérance de force, employées sur les champs de bataille contre les ennemis de la France, en firent un vaillant guerrier, qui se distingua en plusieurs occasions. Louis XIV se plut à reconnaître ses services en le nommant capitaine de cavalerie au régiment de Sully, en 1705, et chevalier de Saint-Louis. Il lui accorda ensuite la charge de secrétaire à la conduite des ambassadeurs[1], aux lieu et place de feu Claude Labbé de Villeras, par lettres du 30 octobre 1709 et dans les termes les plus flatteurs.

Il fit à Paris, le 15 avril 1733, son testament, qu'il compléta par un codicille le 28 février 1738. Il mourut sans laisser de

---

(1) Dans le cortége de l'ambassadeur turc, qui alla le 21 mars 1721 à l'audience du roi au château des Tuileries, figurent, par une assez singulière coïncidence, un *Rémond*, en qualité d'introducteur des ambassadeurs, et un *Merlin*, comme aide-introducteur (SAINT-SIMON, *Mémoires*, t. xviii, p. 347). Le premier était probablement Rémond, successeur du sieur de Magny, fils d'un fermier général, et qui épousa la fille du joaillier Rondé, et le second, notre François Raymond-Merlin.

postérité, léguant tous ses biens à son frère Jacques et donnant à l'hôpital de la Charité de Romans 6,600 livres pour la fondation de deux lits.

JACQUES V, écuyer, seigneur du Chélas [1], capitaine de cavalerie au régiment de Condé, chevalier de Saint-Louis. Dans la discussion des biens de l'héritage paternel, il abandonna tous ses droits moyennant une somme de 20,000 livres, par transaction du 21 avril 1738. Il épousa, le 7 janvier 1725, Marie-Madeleine de Montdragon, fille de Jean, seigneur de Ley et d'Avassieux, et de Madeleine de Fassion, de Roybon, alors pensionnaire dans le couvent de la Visitation de Romans [2]. Il obtint une pension de retraite de 600 livres et vint habiter la rue de la place de l'Étoile, nommée depuis rue *Merlin*. Il décéda le 22 juillet 1756 et fut inhumé devant la chapelle de Saint-Barnard. Sa femme lui survécut longtemps et mourut à Paris, rue Taranne, le 13 mars 1793. Il avait eu trois fils : Jacques-François et Jacques-Bruno, ci-après, et Charles-Joseph, né le 10 février 1731, qui mourut jeune.

JACQUES-FRANÇOIS, seigneur du Chélas, né à Romans, le 22 octobre 1725. Il s'inscrivit le 11 novembre 1742 dans les registres de l'université de Valence et soutint son acte public sur le droit français le 3 août 1745.

Reçu avocat en la cour, il fut nommé avec dispense d'âge conseiller au parlement de Grenoble par lettres du 20 janvier 1747. Lorsque cette compagnie eut été exilée, il fut envoyé avec plusieurs de ses collègues par lettres de cachet à Ne-

---

(1) Le domaine du Chélas fut acheté de M. le comte de Chaste par Jacques Merlin, suivant acte passé le 15 novembre 1729 devant M.e Allegret, notaire de Romans.

(2) Dans une lettre écrite de Moras le 3 novembre 1729 par M. de Collonges on lit que la famille de Montdragon, originaire de la Savoie, était à peu près ruinée. Le père venait de vendre ses terres de Moras et ses filles avaient *mangé* les 15,000 livres de dot qui leur revenaient de leur mère.

L'auteur de cette lettre, M. Perrotin de Collonges, avait épousé Marthe de Montdragon, laquelle était veuve quand, le 7 mai 1763, elle fit l'acquisition de la seigneurie de Roybon de Louis Morel d'Arcy.

mours, où il résida depuis le 31 décembre 1763 jusqu'au 5
février suivant. Il fut du nombre des six conseillers présentés
au roi après la réconciliation du ministre Choiseul avec le parlement.

Le respect de la haute magistrature dont il avait été honoré
à l'âge de 24 ans ne put contenir le caractère violent et pas-
sionné dont il semblait avoir hérité avec le nom de son oncle
François. Sans nous arrêter à des épisodes secondaires et pour-
tant assez graves, nous arrivons tout de suite à l'événement
tragique qui brisa sa carrière et qui eut à juste titre un grand
retentissement dans le pays et même au loin. Ce fut un duel
sans témoins, dans lequel, le 18 juillet 1769, sous les m rs de
Romans, il tua d'une manière déloyale un officier nommé
Béguin [1]. Après ce meurtre, du Chélas partit avec son domes-
tique et se réfugia en Savoie. Le 16 septembre, le parlement,
les chambres assemblées, rendit un arrêt par lequel l'accusé
contumax fut déclaré déchu de son office de conseiller et condamné à la peine de mort, comme aussi à l'amende, fixée aux
deux tiers de ses biens, au profit des hôpitaux de Grenoble et de

---

(1) Jacques-Thomas Suel Lambert Béguin, fils de Jacques, bourgeois de
Romans, né le 7 mars 1738, nommé capitaine dans la légion de Flandres en
1764.

La cause bien involontaire de ce duel était une jeune personne de notre ville,
dont il existe un portrait mythologique justifiant sa grande réputation de beauté.
Elle est représentée avec le costume léger d'une nymphe, dont elle a tous les
charmes.

Il y avait plus de désœuvrement que de corruption morale dans cette admi-
ration exaltée et cet enthousiasme sans mesure que nos ancêtres manifestaient
pour la femme dont la beauté avait échappé aux ravages de la petite vérole et
qui triomphait des costumes disgracieux de l'époque. De là ces bouquets à
Chloris, ces sérénades, ces enlèvements, ces duels et même ces ovations popu-
laires qui nous étonnent. Ainsi Aymar du Rivail raconte comme une chose
toute naturelle dans son *Histoire des Allobroges* que, après son mariage, rame-
nant d'Avignon à Grenoble sa jeune épouse, renommée au loin pour sa beauté,
les populations accouraient empressées et bordaient la route pour l'admirer au
passage. M. A. de Gallier, dans *La vie de province au XVIIIᵉ siècle*, fait à ce sujet
les mêmes remarques et cite de pareilles extravagances. (*Bulletin de la Société
d'archéologie de la Drôme*, t. IX, p. 160 et suiv.)

Romans, plus en la somme de 12,000 livres envers Suel Lambert père; et Madeleine de Montdragon, mère du condamné, fut autorisée à prélever un tiers net sur le produit total de la confiscation, qui s'éleva à 147,392 livres.

Du Chélas passa en Suisse en 1782, et deux ans après un arrêt du Conseil d'État lui accorda sa liberté provisoire et lui permit de venir à Paris, où il mourut avant d'avoir pu faire réviser son jugement [1].

JACQUES-BRUNO, né le 21 février 1729. Il acheta un brevet de capitaine dans le régiment de Lyonnais. Les devoirs du service militaire l'ayant conduit au Guéméné (Morbihan), il y épousa vers 1758 une demoiselle de Brossard de Roste et par suite se fixa en Bretagne, où ses descendants existent dans des positions sociales les plus honorables.

---

(1) On trouvera tous les détails concernant cet événement et le texte du jugement qui en fut la suite dans les écrits suivants :

Supplique pour Joseph Suel Lambert, bourgeois de la ville de Romans, demandeur et accusateur, contre M. Rémond du Chélas, conseiller au parlement, défenseur, accusé, décrété de prise de corps, contumax. Délibéré le 27 août 1769, in-4°, 35 pages, V.° Giroud.

Mémoire pour le sieur Suel Lambert, bourgeois de Romans, contre M. Rémond Merlin du Chélas, conseiller au parlement de Dauphiné, accusé. Signifié le 28 août 1769, in-4°, 22 p.

Arrêt du 16 *septembre* 1769, in-4°.

Mémoire à consulter. — *Consultation,* in-4°, 34 p.

Précis des faits et moyens relatifs à l'arrêt du parlement de Grenoble qui condamne le sieur du Chélas, conseiller, in-4°, 7 p., 1784.

Mémoires sur la ville de Romans, par J.-Bapt. DOCHIER, in-8°, 1812, p. 286.

Essais historiques sur les hôpitaux de Romans, etc., par le d.r Ulysse CHEVALIER, in-8°, 1865, p. 122.

Le duel de 1769. Journal de Romans du 22 mai 1870.

Procès criminel à Grenoble en 1769. Revue des documents historiques, 1875, p. 15; tirage à part sous le titre : *Un duel à Romans en* 1769, par E. CHARAVAY. Paris, Lemerre, in-8°, 11 p.

www.ingramcontent.com/pod-product-compliance
Lightning Source LLC
Chambersburg PA
CBHW060717280326
41933CB00012B/2463